Alexander Wiechert

(B)ewusstwie 3

Alexander Wiechert

2022 Copyright   Alexander Wiechert
Autor: Alexander Wiechert
Umschlag: Alexander Wiechert

Herstellung
und Verlag: BoD – Books on Demand, Norderstedt
ISBN: 9783756817597

Wo kämen wir hin

Wo kämen wir nur hin,
wenn jeder sagte,
wo kämen wir nur hin
und niemand ginge,
um zu sehen,
wohin wir kämen,
wenn wir gehen.

Dissonanzen

Für unsere Gesundheit wollen wir um jeden Preis Leben retten und opfern
unsere Freiheit.
Für unsere Gesundheit wollen wir um jeden Preis unsere Freiheit opfern, um
Leben zu retten.
Für unsere Weltanschauung wollen wir um jeden Preis die Freiheit retten und
opfern Leben.
Für unsere Weltanschauung wollen wir um jeden Preis Leben opfern, um die
Freiheit zu retten.

Abstand

Manchmal nehme ich Abstand, um in Ruhe nachzudenken.
Und manchmal nehme ich Abstand, weil ich in Ruhe nachgedacht habe.

Sei gewarnt

Wenn du Lügen über mich erzählst, werde ich allen die Wahrheit über dich
erzählen.

Schwer

Manchmal tue ich mich schwer
wiege alles hin und her.
Alles hat eine Kehr-
seite die zu überschreiten
manchmal zusteht
den Gescheiten.

Zu durchdenken
und sich nichts zu schenken
alles anschauen
sich verrenken
um zu verstehen
was sie säen.

Nichts geschenkt
alles gelenkt
du durchschaust die Taktik
hast ein bisschen mehr Haptik
liest zwischen den Zeilen
du solltest nicht verweilen.

Ist es sicher?
Sicher nicht
aber du musst weiter
musst helfen denen
die es selbst nicht können.

Bin zerrissen zwischen
fühle mich verschlissen
möchte manchmal
gar nicht mehr
doch gebe ich es her.

Weil wollen manchmal
nicht mehr reicht
muss Stärke her
der Schwäche weicht.

Nun muss ich
habe keine Zeit
muss auf die Straße
demonstrieren
zeigen ich bin so weit.

Durchschnittlich

Der Durchschnittsmensch hat so viel davon.
Hass, Verrat, Missgunst, Neid ...
Er trägt so viel in sich,
mehr als die Welt vertragen kann.

Die, die Liebe propagieren,
können am besten hassen.
Die, die sich Freiheit auf die Fahne schreiben,
sind willige Erfüllungsgehilfen der die euch knechten.
Die, die Frieden predigen,
unterstützen den Krieg.
Die, die Gott allem voranstellen,
führen ein gottloses Leben.

Seid wachsam und fürchtet die Wissenden,
die Prediger, die die Armut hassen oder stolz darauf sind.

Vor denen, die vorschnell loben,
denn alles was ihnen wichtig ist,
ist das eigene Lob.
Denen, die zensieren,
denn sie haben Angst vor dem Unbekannten.
Denen, die in der Gruppe stets die Lautesten sind,
denn sie können nicht allein.

Vor jenen Durchschnittsmenschen,
denn sie werden alles zerstören,
was sich von ihnen unterscheidet.

Ihr Hass, ihr Verrat, ihre Missgunst und ihr Neid,
ist das was sie perfekt beherrschen.

Das ist ihre Kunst.

2000 Jahre Christentum

2000 Jahre Christentum – ist unsere Welt eine bessere als vor 2000 Jahren?
Oder ist Christus umsonst gekreuzigt worden?
Was hat sich denn wirklich geändert, sind die Menschen durch das
Christentum, etwa besser, moralischer oder friedlicher geworden?
Wird nicht Jesus Christus, in der Bibel als das Licht der Welt als der Heiland
und Messias beschrieben? – Aber wo ist das Licht, das Heil in unserer Welt?
Die Menschen sind damals gestorben, die Menschen sterben heute.
Kriege wurden damals geführt, Kriege gibt es heute. Ungerechtigkeiten gab es
damals schon, Ungerechtigkeiten gibt es heute.
Krankheiten gab es damals, Krankheiten gibt es heute.
Morde und Vergewaltigungen gab es damals schon, Morde und
Vergewaltigungen gibt es heute. Elend und Leid gab es damals auf der Welt,
Elend und Leid gibt es heute.
Hat das Christentum unsere Welt besser gemacht?
Dasselbe gilt auch für jede andere Form von Religion.
Sind Religionen, letzten Endes nicht auch nur Ideologien?
Religiöse Ideologien, so wie es auch politische Ideologien gibt?
Das Christentum steht in seiner Geschichte für die Unterdrückung von
Frauen, Missbrauch von Kindern, – Kreuzzüge, Glaubenskriege,
Sklavenhandel, Hexen und Buchverbrennungen. Die Christen haben auch
andere Christen, verfolgt und umgebracht und sehr viel Ungerechtigkeit und
Gewalt, kam durch das Christentum in die Welt.

Rebellieren

Ich opponiere nicht gegen den Staat,
sondern gegen verantwortungslose Politiker.

Ich rebelliere nicht gegen das System,
sondern gegen Korruption in diesem.

Ich bin nicht gegen Gesetze und Ordnung,
sondern für die uns zustehenden Grundrechte.

Ich lehne mich nicht gegen die Demokratie auf,
sondern gegen die schleichende Abschaffung derselben.

Ich rebelliere nicht gegen die Judikative bzw. Exekutive,
sondern gegen jene, die die Rechtsstaatlichkeit verlassen haben.

Opposition

nicht willentlich daneben gelegen
dabei hatte sich gar nichts ergeben
und doch geschah einiges
zwar war nichts erreicht
aber haben wir etwas vergeben?

wofür wir stehen, war nicht klar
sind bunt und verschieden, wunderbar
aber fokussiert, versucht? ja.
was wollten wir erreichen?
es denen zeigen?

ein bunter haufen gewürfelter summen
der mitte und gar keine dummen
mit rändern mäandernd
schwer zu bändigen
schwer zufrieden zu stellen.

kaum konsens und miteinander
zumindest nicht positiv
hört sich schlimm an
ist aber gelebte demokratie
wenn auch unbequem.

lästig und übrigens unbequem
so sollte man nicht umgehen
mit denen, die wegen dir hier
nur wissen sie nicht wirklich
um die wahre natur der sache.

fallen auf scharlatane herein
die wollen spenden für dein
seelenheil, welches kaputt
weil die dinge die du liebtest
in weite ferne rückten.

wolltest reisen, durftest nicht
wolltest essen, durftest nicht
wolltest tanzen, durftest nicht
wolltest leben, durftest nicht

weil du die freude der straße nicht sahst
alles andere außer der mühe vergaßt
wolltest du nur schnell

dein gewissen beruhigen
gabst ein paar euro, spenden sie hier.

damit spekulierten einige
die zwar vieles bewegt
die ich aber nicht verteidige
denn das ist ungebührlich
so etwas möchte ich nicht.

die anderen, der harte kern
waren auf der straße, nicht fern
stetig und bestimmt immer dar
waren und sind sie
einfach wahrhaftig wunderbar.

stehen für deine und meine rechte ein
die medien und alle machten sie klein
da muss sich was ändern
frischer wind und elan soll herein
aber das wichtigste ist die gemeinschaft.

wenn wir die welt ändern wollen
müssen wir zusammen statt gegen
wagen statt verwegen
die summe einen vorteil verschafft
wollen wir etwas bewegen.

lasst uns, uns ändern
einander vertrauen, gemeinschaft aufbauen
den nur viele steine sind eine mauer
die auf dauer, wir sein können
um der stimme einen raum zu schenken.

falscher ehrgeiz lähmt nur
wir müssen wieder aufwachen
und frisch sein, für die dinge, die da kommen
ob wir wollen oder nicht
alles dreht sich und das leben geht weiter.

Ohrenbetäubendes Schweigen

Kannst du es hören?
Nein?
Ich ebenso wenig.
Aber ein permanenter
Informationsstrom
überflutet mich.

Hast du einmal
der Stille
zugehört?
Nichts und nirgends?
Still!

Es nicht wie Tinnitus.
Es ist als würden
permanent
Nachrichten gesendet.
Aber dieser Art
bei der du nervös wirst.

Ein kleiner Mann
bebrillt
und schlechten Zähnen
flüstert mir zu
ich solle vorsichtig sein.

Etwas von Pflicht
höre ich ihn säuseln
sonst, ja sonst
müssen wir uns gewöhnen
an den Ausnahmezustand.

Ich bekomme Gänsehaut
doch nicht behaglich
ist das Gefühl
eher beengend
und fortdauernd verstörend.

Und ausdauernd
berieselt, beschallt
schaltet irgendwann

jedes Gehirn
jeden Willen aus.

Was kann ich
was kannst du
dagegen tun
lass uns gemeinsam
gegenseitig stärken.

Aus der Ruhe
im Innen
generiert sich Kraft
und mit Abstand
ein guter Überblick.

Wir können nicht
abwarten und verharren
es gibt keine Pause
sie hören nicht auf
es geht bald weiter.

Müssen stetig
und emsig
weiter die Mühle drehen
sonst wird sie
unsere Stimme
auf Dauer untergehen.

Der feine Herr Professor

Es scheint, als ob sie sich verzetteln
keiner will mehr mehr
vom giftgen Zeug
niemand liebt es so sehr
es ist, als ob sie betteln.

Der Plan scheint nicht aufzugehen
die Menschen wachen auf
trotz allem scheint es nicht genug
ward jeder der offen gegen sie stand
diffamiert, geplant von langer Hand.

Ein jeder schien verraten worden zu sein
und gründlich ruiniert
nachgetreten in den Medien
ganz offensichtlich und ungeniert
machten sie ihre Gegner klein.

Und immer noch lässt er es los
lässt Gegner diffamieren
der feine Herr Professor
wenn man sie nicht kann, schmieren
warten sie es nur ab, es fällt zurück in ihren Schoß.

Wissen sie was? Karma is a bitch
das glauben sie nicht?
Dann warten sie es ab, das wird sich zeigen.
Es wird sie noch einholen
machen sie sich den Gedanken zu eigen.

Das Leben, die Zeit wird es erzählen
wir entscheiden uns im Jetzt
sind bereits wach
fühlen uns nicht mehr gehetzt
wir können wählen.

So findet der eine seinen Frieden
trotz allen Tiefs jetzt oben auf
nichts ist umsonst
die Welt scheint verkehrt drauf
der andere wird plötzlich gemieden.

Veränderung

Die Welt bleibt nicht die gleiche, nur weil du aufhörst oder einfach nicht anfängst darüber nachzudenken, was sie bewegt.

Die Wahrheit kann weh tun. Das kann ich dir aus erster Hand berichten. Du musst selbst herausfinden, wie weit du gehen willst und kannst. Das ist ein fortlaufender Prozess, dem du dich stellen musst.

Wenn du etwas nicht mehr willst, solltest du einen Schlussstrich ziehen. Manchmal ist ein Ende besser als der Fortbestand von etwas, dass dich unglücklich macht. Es erwarten dich neue Dinge, die zu entdecken sich lohnen.

Der Status Quo ist verlässlich und bequem, aber du kannst es wagen. Du sollst dir auch ruhig Gedanken vorher darüber machen. Nur dürfen die Bedenken nicht überwiegen. Dann bewegst du dich nicht vorwärts.

Schau wohin es dich treiben wird. Du wirst immer auf die Füße fallen, wie eine Katze. Gib Raum für neues und lass dich auf die Idee ein etwas zu wagen. Mach es. Es wird dir guttun.

Bleiern

Die letzten 2 1/2 Jahre liegen wie ein bleierner Mantel über mir.
Ich will weder mit den Pro – oder Kontra Partizipanten der Maßnahmen auf Dauer zu tun haben.
Wo ist die gemäßigte Mitte, die einfach leben will.

Jugend

Der jugendliche Elan
spart nicht daran
an Hass und großen Gefühlen
nicht verstehen wollen
und unverstanden
alle Gedanken sich darum ranken.

Da kommen dann Bemerkungen wie
Digger ist schon gut
mit aufrichtiger Wut
dir vor den Kopf gestoßen
das fühlt sich komisch an
nicht wie ein Streit unter Großen.

Hoch und runter
vorwärts und rückwärts
werden Vorwürfe gekaut
selbst mit einer Entkräftung
es dir den letzten Nerv raubt.

Dann wieder plötzlicher Friede
ob das so jetzt bliebe?
Mir wär es recht will endlich Ruhe
alles scheint gut
bist aber doch besser auf der Hut.

Talkshows

Eigentlich will ich nichts mehr sagen,
hätte dennoch folgendes vorzuschlagen.
Sei's drum. Wollen wir was wagen?
Hätte da ein paar Dinge anzumerken.

Dinge diskutieren, viele Worten verlieren
dennoch seinen Gegenüber respektieren
sonst konnte man sich früher blamieren
heute scheint das keinen zu interessieren.

Respektlosigkeit tritt offen hervor
ins Wort fallen, kein offenes Ohr
die Meinung die Unschuld verlor
die Wahrheit zu kennen ein mancher schwor.

Manch Tugend wird nicht mehr gebraucht
solch Dinge sind wohl jetzt erlaubt
ich traue dem Gehörte kaum, nicht geglaubt
den letzten Anstand zusammen geklaubt.

Was ich da sehe muss sag ich voll Verdruss
weil es mal heraus muss -
Noch nicht einmal ein Abschiedsgruß?

Das ist kein Journalismus,
keine Empathie, nicht der Willen zu wollen.
Dass ist unter ihrer Würde.

Entrüsten

Aufrüstung?
Abrüstung?
Das Einzige, was wir erfolgreich trainiert haben ist Entrüstung.
Wagen wir doch ein Wett-Entrüsten.

Superkraft

Die außerordentliche Superkraft des Durchschnittsmenschen besteht daran
alles, was anders ist als er zu zerstören.

Widerstanden

Einerseits kann man sich ständig systemkonform benehmen, alles mitmachen
und dadurch das System erstarken lassen.
Andererseits kannst du sein, wie der Baum. Ein Baum widersteht dem Orkan,
indem er sich biegt, bis der Orkan zu mächtig ist. Doch nach dem Bruch
treibt er von neuem wieder aus und wird ein Baum. Nicht mehr so schön, wie
zuvor, doch er gibt nicht auf. Er würde niemals einem leichten Gegenwind
nachgeben und sich selbst zerstören, um es verkrüppelt neu zu versuchen. Er
geht immer den härtesten Widerstand.

Narrenschiff

"Was im neuen Verfassungschutzbericht steht, klingt unglaublich und furcherregend, ist aber leider wahr: Der Inlandsgeheimdienst kann jetzt auch ganz normale Bürger überwachen, die die Regierung zu scharf kritisieren.
Wer mit seiner Kritik "Vertrauen untergräbt" oder "Verlust des Vertrauens der Bevölkerung Vorschub leistet", gerät ins Visier des Geheimdienstes.
Der Bericht nennt als Beispiel für Kritik, die überwacht werden soll, ausdrücklich Kritik am Krisenmanagement bei der Jahrhundertflut. Wer den Eindruck erweckt, dass "staatliche Stellen ... mit der Bewältigung der Lage komplett überfordert gewesen seien", wird überwacht.
Der Bericht kündigt u.a. auch an, Menschen zu überwachen, die Kritik an den "politischen Maßnahmen zur Bewältigung des Klimawandels" äußern.
Sagt ihr, Gerichte in Deutschland sind möglicherweise nicht mehr unabhängig, seid ihr ein Fall für den Verfassungsschutz.
Sagt ihr, man sei wegen der Impfung belogen worden, kann die Polizei vor eurer Tür stehen.
Ein Staat, der zu solchen Mitteln greift, hat Angst vor den eigenen Bürgern!"

Querdenker

Du sollst nicht duschen.
Du sollst kein Auto fahren.
Du sollst gesünder essen.
Du sollst dich impfen lassen.
Du sollst frieren.
Du sollst nicht frittieren.
Du sollst die Politik nicht kritisieren.
Sonst bist du #Querdenker

Fragen

Nach der Angst kommen die Fragen.
Was aber wenn es keine Antworten gibt
und wir weiter ins Verderben fahren,
wohlwissend um die Kollateralschäden an Leib,
Leben, Wirtschaft und Wohlstand aller.

Darf ich?

darf ich es wagen?
will ich das Echo ertragen?
Nein, ich knicke nicht ein,
mache mich nicht länger klein,
haue raus, ziehs mir nicht länger rein.
Also:
„An alle Corona-leugner-diffamierer, ich erinnere ans Karma"

Ein Volk

Bis 2020 waren wir 'ein Volk'.
Seitdem sind wir:
solidarisch oder Querdenker,
solidarisch oder Maskenverweigerer,
solidarisch oder Impfverweigerer,
solidarisch oder Boosterverweigerer,
solidarisch oder Raser,
solidarisch oder Putinversteher,
solidarisch oder Winterheizer.

Glaubenssätze

Nein, das kann, das darf nicht war sein.
Der Name Lauterbacht taucht in der Studie nicht auf.
Deshalb: Schrott.
Wissenschaftler waren bestimmt Querdenker.
Glaubenssatz: Je mehr geimpft, umso besser.
Fakten, die zu Irritationen an diesem Glaubenssatz führen,
sind keine Fakten

Affenpocken

Diesmal kommen mit Frohlocken -
aus dem Labor die Pocken
Da hilft kein Zaudern und kein Schimpfen,
da hilft nur wieder zich mal impfen.
Der Professor, der hat schon bestellt -
Spritzen für die halbe Welt
... dass jeder gut geschützet werde -
auf seinem Weg unter die Erde.
Und liegst du dann da untenrum -
fällt dir auf: Was war ich dumm
Da ist zu spät, der Sarg verrammelt -
und du in kurzer Zeit vergammelt.
Und die Moral von der Geschicht -
Sag zur Spritze: Nein - ich nicht!

Neue Sterne

Es gibt sie, die neuen alten Stars, der Szene, der Kritiker.
Meist drehen sie sich auch nur im Kreis um sich selbst und die anderen
Erwählten.
Wenn DIE was sagen,
dann hat es Gewicht.
Wenn DIE was sagen,
dann erreichen SIE ja auch viel mehr Menschen.
Wenn DIE was sagen,
dann ist das profund.
Wenn DIE was sagen,
dann werden SIE schon recht haben.
Warum stellen wir alle unser Licht so gern unter den Scheffel
und geben die Verantwortung ab für uns selbst zu sprechen?
Wann und wo hat das angefangen?
Warum ticken die meisten Menschen so?
Warum nehmen wir unsere Verantwortung nicht selbst in die Hand und
stehen auf?
Talent ist da und vielfältig.
Man muss sich nur auf den vielen verschiedenen Demonstrationen umhören.
Da sprechen intelligente Menschen von intelligenten Dingen.
Da sind tolle Redner und tolle Inhalte, die man zu hören bekommt.
Warum nehmen nicht mehr Menschen ihr Herz in die Hand
und gehen auf eine der vielfältigen und zahlreichen Demonstrationen?
Nicht jeder ist ein Talent im Reden,
organisieren oder was sonst noch nötig ist,
um selbst eine Willenserklärung zu exponieren.
Macht nix,
Anwesenheit zählt auch.

Gefährliches Fahrwasser

Wir segeln durch gefährliches Fahrwasser.
Wie kann der Mensch denken er könnte die Kräfte der Erde beherrschen
und bestimmen,
wenn er sich selbst nicht im Zaum halten und im richtigen Moment
Selbstbeherrschung zeigen kann?
Ich habe da massive Bedenken.

Wenn

Erst wenn das letzte Baby vorgeburtlich gentherapiert,
der letzte Mensch digital überwachbar,
die letzte Münze eingeschmolzen,
der letzte Alte zwangsisoliert
und das letzte Lachen hinter einer Maske verschwunden ist,
werdet ihr feststellen,
dass es nie um Gesundheit ging!

Interesse

Lockdown verursacht Depressionen
Masken machen krank
Impfungen zerstören das Immunsystem
Nachrichten Deine Laune
Ideologen Deine Lebensgrundlage
Chemtrails vergiften uns
keine Angst -
alles nur Theorien- Verschwörungstheorien
rein theoretisch -
hätte jemand Interesse an Widerstand?

Gewinn?

Ich erhebe meine Hand,
reise hinaus in diese Land,
stehe mitten darin
und es will mir sehr gefallen,
dass was mich umgibt.

Ich komme nicht umhin zu sagen,
dass was ich geliebt, liebt.
Es treiben mich die Triebe
zu erfahren, was ich fühle.

Ist es nicht kalt und auch nicht warm,
nicht hell noch dunkel
doch erfahre ich es so,
weil die Konditionierungen es sagen,
was zu wagen ist gewagt,
sein eigenes Leid leicht geklagt.

Um zu öffnen seinen Geist
zu erfahren der Dinge anderen Sinn,
ist es wirklich ein Gewinn?
Musst dich dennoch machen frei,
drum sei ...

Es macht Spaß in Reimen zu denken,
seine Worte zu lenken
und dem Ganzen Liebe zu schenken.
Drum sprich es heraus,
lass es nicht sein
der Liebe Weg soll dieser sein.

Ich sage es, um dich nicht zu schonen,
Tage sollte man nicht vor dem Abend loben.

Gerecht

gendergerecht
klimagerecht
generationengerecht
sozial gerecht
einkommensgerecht
bedarfsgerecht
zukunftsgerecht
chancengerecht
bildungsgerecht
notengerecht
tiergerecht
naturgerecht
ernährungsgerecht
...
Alles muss „gerecht" sein,
vermeintlich.

Im Namen der Wissenschaft

Wurde verboten:
ein Buch auf einer Bank zu lesen
mit Kinder zu Rodeln
abends das Haus zu verlassen
seine Freunde zu treffen
den Wohnort >15km zu verlassen

Demokratie

Demonstranten in Iran: Verteidiger der Demokratie
Demonstranten in Russland: Bewahrer der Demokratie
Demonstranten in China: Befürworter der Demokratie
Demonstranten in Deutschland: Delegitimierung der Demokratie

Wir können stolz sein

Wir zahlen die höchsten Steuern.
Wir haben den höchsten Strompreis.
Wir haben die höchsten Baupreise.
Wir haben mit die schlechtesten Renten.
Die Einkommen liegen im unteren Mittelfeld.
Die Infrastruktur ist desolat.
Schulen und Unis eine Katastrophe.
Im besten Deutschland aller Zeiten.

Kontaminiert

Wer nicht argumentieren kann oder will, der kontaminiert die
Diskussion durch den Begriff "Verschwörungstheoretiker".
Der Begriff dient zur Zerstörung von Reputation und Existenzen.
Einmal gegen jemand gerichtet, ist der Schaden angerichtet.
Jede nachgereichte Relativierung, kommt dann zu spät.

Säulen

Zentrale Säulen unserer Demokratie haben dem Druck der Coronapolitik nicht
standgehalten.
Parlament: Totalausfall.
Justiz: Totalausfall
Medien: Totalausfall
Mitbürger: Totalausfall
Lehrer: Totalausfall
Kirchen: Totalausfall

Expotenziell

Das Einzige, was sich in dieser "Pandemie' exponentiell ausgebreitet hat,
sind Dummheit und Feigheit bei den Menschen,
Charakterlosigkeit bei Journalisten und Politikern,
Korruptheit bei den Experten.
Die wenigen Ausnahmen bestätigen offenbar nur die Regel.

Kasperletheater

Lauterbach warnt - andere feiern.
Maskenpflicht bleibt - ohne Evaluation.
Partielle Impfpflicht - ohne sterile Immunität.
Millionenfache Impfdosen - keine Abnehmer.
Maßnahmen fallen weg - Abfall der Meldeinzidenz.

Freiwillig

Wären Maßnahmen freiwillig geblieben,
hätte es keine Diskussion über Impfpflichten gegeben,
wären Kritiker nicht als rechtsradikal
oder Querdenker bezeichnet worden - es gäbe keinen gesellschaftlicher Graben.
Die Verantwortung tragen Politiker,
vermeintliche Experten und Medien.

Einigkeit und Recht und Freiheit

Einigkeit und Recht und Freiheit, standen mal für dieses Lande.
Heute nicht mehr zu erkennen, welche Schande.
Einigkeit und Recht und Freiheit, wir vermissen euch sehr,
müssen endlich mehr für euch kämpfen,
sonst gibt es euch bald nicht mehr.

Menschlichkeit

Auf Menschlichkeit lässt sich bauen.
Es ist der Platz, auf dem sich alles wieder anpflanzen lässt.
Dort und nur dort kann alles wieder gedeihen.

Früher und heute

Früher gab es in der Tageszeitung eine kleine Satire-Ecke.
Heute ist die gesamte Tageszeitung eine satirische Steilvorlage.

Wahrheiten

Im Kern ist alles eine Wahrheit.
Sie liegt im Auge des Betrachters,
daher kann sie niemals objektiv sein,
sondern immer nur im Horizont desjenigen existieren,
der sie als solche erkennt.

Ist? Ist nicht?

Die Politik ist NICHT-Schuld.
Der Journalismus ist NICHT-Schuld.
Der Konformist ist NICHT-Schuld.
Der Klimakatastrophenleugner IST-Schuld.
Der Coronapandemieleugner IST-Schuld.
Der Gasnotstandsleugner IST-Schuld.
Und überhaupt jeder mit einem anderen Standpunkt der Moralvorstellung.

Perspektivenänderung

Die Perspektive für das Volk muss aus sich selbst kommen.
Will es die Politik dieser Regierung weitertragen oder eben nicht?

Befehle

Viele Menschen sind höflich und bitten um Dinge,
aber sie erwarten auch das dem entsprochen wird.
Wie nennt man das?

Botschaften

Botschaften nicht gegen die Gleichgültigkeit, sondern für die Gleich-
Gültigkeit.

Wissen

Man kann Wissen heute problemlos verfügbar machen.
Überall kann man es konsumieren oft kostenlos.
Aber was ist all dies Wissen ohne Erfahrung?

Verständnis

Ich verstehe aufgebrachte Äußerungen und Demonstrationen, als das was sie
sind, als Zeichen der Unzufriedenheit mit der Politik dieses Landes und den
gesellschaftlichen Gegebenheiten und Umstände, die der Einzelne nicht
ändern kann.
Wir sollten aufhören in so abfälligen Phrasen daher zu reden, wie Gutmensch
oder Wutbürger. Das hilft niemandem weiter. Dies entmenschlicht die
Debatte lediglich.

Normopathie

„Normopathie" ist die Anpassung einer Mehrheit von Menschen einer Gesellschaft an pathogenes psychosoziales Verhalten gemeint, dessen Störung nicht mehr als solche erkannt und daher akzeptiert wird.

Politische Kunstgriffe

Politik ist die Kunst dem Wähler vorzumachen man habe Lösungen für Krisen, die man selbst verursacht hat.

Fragezeichen?

Blase oder Bezeichnungsgeflächt?

Krisen

Energiekrise,
Lebensmittelkrise,
Gesundheitskrise,
Staatskrise,
Medienkrise,
Finanzkrise,
Klimakrise,
Hungerkrise
-
Krisenherde,
Krisenprofiteure
Krisenspekulanten
Krisenmodus
Krisenversteher
Krisenmacher
Krisenbegleiter
Krisenresistente

Tue es

Langeweile ist eine Illusion, es gibt sie nicht.
Du hast 510.100.000 km² voller Möglichkeiten.
7,753 Milliarden Menschen zum Kennenlernen.
195 Länder zum Erkunden.
über 130 Millionen Bücher zu lesen.
über 2 Millionen Farben, um Kunstwerke zu schaffen.
über 7 Millionen Filme zum Schauen.
Es gibt unzählige Hobbies und falls dir keins davon
gefallen mag, erschaffe ein völlig neues.
Es gibt nur Antriebslosigkeit, Lethargie.
Streiche das Wort Langeweile aus deinem Wortschatz.
Und dann tue etwas!

Ende

"Wir können die Pandemie nicht wegtesten, nicht wegimpfen und nicht wegabsondern"

Gewusst

Danach wird es wieder niemand gewußt haben, niemand etwas geahnt.
Aber man konnte es wissen.
Man musste es sogar.

Spaltung

Es führen keine Wege mehr an der Spaltung vorbei.
Jeder wird sich entscheiden müssen:
Frieden oder Krieg,
Freiheit oder Totalitarismus,
Norm oder Maßnahme,
Leistung oder Gnade,
gesund oder geimpft.

Die 4. Gewalt

Wann haben die Medien das letzte Mal einen Rücktritt forciert?
Gibt genug Rücktritte, die man dieser Tage forcieren könnte.
Die „4. Gewalt" ist aber Teil des Problems und sollte geschlossen zurücktreten.

Demenz

Das Schlimmste bei den Maskenfetischisten
Impfkriegstreibern,
Angsthasen,
Tagesschaugläubigen
und "normalen" Mitbürger
ist die galoppierende Demenz.
Keiner erinnert sich daran,
dass alles was wir jetzt haben,
unsere Verschwörungstheorien waren,
für die sie uns ausgelacht haben.

Verzeihen

Auf der persönlichen Ebene sollten wir verzeihen und Brücken bauen,
damit die Spaltung überwunden wird.
Auf der politischen Ebene
muss es eine Aufarbeitung
und auch klare Benennung der Fehler geben,
damit sich diese nicht wiederholen
Verdrängung verhindert soziale Lernprozesse!

In der Summe

Gas: Teurer
Lebensmittel: Teurer
Strom: Teurer
Öl: Teurer
Ausreden: Billiger
Gehalt: Billiger, da Inflation nimmt
Berichterstattung: Billiger, da gleichgescha tet
Verrohungspotential: Billiger, jeder darf mitmachen
Spaltung: Billiger, zersetzen durch Dissonanzen
Ich weiß nicht, was Sie haben.

Wahrheiten

Wahrheiten sind nicht einfach gegeben.
Sie entstammen dem was sich umgibt.
Was dich prägte und dich zu dem macht was du bist.
Deine Realität.
Aber – die Realität kann sich auch verschieben.
Informationskonflikte entstehen.
Wem soll ich glauben?
Es gibt inhaltliche Dissonanzen,
die du nicht mehr einordnen kannst, weil sie so widersprüchlich sind.
An dem Punkt musst du dich entscheiden – Follow the rabbithole.
Welchen Weg du auch wählst
es warten viele weitere Entscheidungen wie diese auf dich.
Aber – sei achtsam wem du folgst,
es könnte der falsche sein
auch wenn du einem seiner gedanken folgen magst
du bist ein freier Mensch
du kannst viele Bilder haben, die dein Weltbild ergeben.
Es gibt nicht nur a oder b Entscheidungen im Leben.
Es gibt Dinge, die sind komplexer.
Die müssen gut abgewogen
und weise formuliert ausgesprochen werden.
Immer wieder durchdacht
und gegeneinander abgewogen,
so solltest du deine Entscheidungen fällen.

Zuhören

Fang an dem Leben,
dass dich umgibt zuzuhören,
dann siehst du Dekadenz,
Wohlstandsbäuchlein
und die Kunst zu ignorieren.
Du siehst große Menschen
und kleine Tische.
Wohlstand
und Elend in friedlicher Koexistenz.
Ignorieren
und ignoriert werden.

Manipulation

Wir alle werden permanent manipuliert,
und zwar in einer Art und Weise,
die einen wachen denkenden Kopf zwingend voraussetzt
um auch nur im Ansatz zu verstehen,
wie und warum dies mit uns geschieht.

Kreuzberg

So schön doch auch so dreckig
aber nur wenn ich schau
und zwar genau.

Bist laut und irgendwie ungelenk
aber ich mag das
genau das.

Bist vieles wild und schrill
das ist es was ich will
manchmal.

Normal

Hörst du die Signale?
Sie sollen sich warnen.
Wohin wollt ihr es treiben?
Wir wollen keinen Konflikt.

Manipulation groß und klein
leise sollst du sein.
Abgelenkt und ohne Zeit
durchblickst du es so weit?

Die Welt ist verrückt geworden
überall wollen sie dir was verkaufen
obwohl du nichts brauchst
umzingeln sie dich bei jeder Gelegenheit in Horden.

Wer schweigend zustimmt
und von nichts weiß
der kann nicht behaupten
er wisse Bescheid.

Trotz allem vehement
vorwärts verteidigen
fleißig beleidigen
das ist deine Kunst.

Dauerkrisenmodus

Nach flachen Kurven und Wellenbrechern
man dachte kaum dies wäre das Ende
die Pandemie der Ungeimpften aus dem Nichts entsprang.

Doch nun schaut an was man jetzt entsann
der skeptische Bürger und mutig dazu
entschloss sich zu zweifeln
dass laut und im Chor
wurde ein Rechter genannt und verfemt.

Mit Masken gequält und ständig im Blick
spieltest du diese Spiel nicht mit
nahmst keine Impfung
bleibst standhaft und stur
schaut man jetzt in die Zeitungen
war es besser.

Ersonnen und ersponnen
haben's die, dies immer tun
für Geld und höchst bezahlt
wohlwissend um Zweck und Wirkung
aber das Gewissen beruhigt sich.

Für genug Geld oder Ruhm
tun es die, die es immer tun
auch du bist abhängig in diesen Strukturen
hast Verpflichtungen
musst leben.

Wie lang willst du diese Propaganda dienen
dein Gewissen das regt sich
manchmal scheint es unerträglich
wie lang hälst du durch
irgendwann gehst du den Schritt.

Nun geht die Krise in die nächste Runde
bist du einmal mit Wachen Geist da
glaubst du nicht mehr alles was da
hinterfragst und schaust hinter die Kulissen
sollst fleißig zahlen.

Doch viele verstehen die Zusammenhänge nicht oder deuten sie falsch
es gibt nicht die Verschwörung
sondern hartes Geld
dass vergeben wird.

Ein jeder ist manipulierbar auch
und gerade die Wachen.
Wessen Weltbild Risse bekommt und unglaubwürdig wird
sucht einfache Alternativen.

Es ist leicht sich von anderen die Welt
oder deren Alternativen erklären zu lassen
das spart die eigene Recherche
und ist bequem.

Die Welt, in der wir leben ist kompliziert genug
und das jeden einzelnen Tag
warum sich noch mehr Arbeit machen
irgendwer hat doch bereits erzählt
was ich vielleicht hören möchte.

Solidarität

Die Maßnahmen der letzten Jahre eignen sich hervorragend,
um an ihr Erspartes zu gelangen und sie schleichend zu enteignen.
Wir arbeiten leise und heimlich.
Wir werden nicht sagen: „Wir gehen jetzt an euer Vermögen."
Wir nennen es Solidarität.

Helden der Kindheit

ich bin nicht bud spencer oder terrence hill
kann keine schläge verteilen
wenn's nicht so läuft wie ich will.

alles ist anders als es früher war
so viel positives an das leben ich heute erinnert
habe viele eurer dialoge verinnert.

wart meine helden man wart ihr toll
heute muss ich performen
denke ich mache das mit liebe und wundervoll.

für meine kinder wünsch ich filme wie eure
alles scheint so anders
wo sind die helden wenn man sie braucht?

werde dies mit meinen kindern teilen
werde meine werte vermitteln
und in ihnen das beste vereinen.

danke das ihr wart wer ihr seid
einfach und ehrlich
geradeaus und gescheit.

Alles gut gegangen

Wir alle werden uns nächstes Frühjahr die Augen reiben.
Niemand musste frieren,
niemand musste hungern,
niemand musste im Dunkeln sitzen
Nur ist alles viel,
viel teurer geworden.
Aber zum Glück nur teurer,
es hätte auch viel schlimmer kommen können.

Krieg

Fremd ist er mir und dir
will ihn weder dort noch hier
befremdlich all die Phrasen
ob sie die Vergangenheit vergaßen.

Fremd sind mir die Werte
die den Forderungen entsprechen
angreifen und verteidigen
einander beleidigen mit großem Pathos.

Es kann sich mir nicht erschließen,
erschossen und erschießen
sinnloses Blut vergießen
lasst es fließen.

Welches Ziel rechtfertigt mehr
Tod und Zerstörung, Elend und Not
die allenthalben droht
lasst die Waffen fallen
und kehrt um.

Überlegt es euch gut!

Wenn der Staat glaubt, er könne zum dritten Mal in sieben Jahren breiten Unmut in der bürgerlichen Mitte zu Rechtsradikalismus erklären, der konsequent bekämpft werden muss, dann bricht das Land vollends auseinander.

Schatten

Wenn dunkle Schatten wieder blühen
die Köpfe rauchen und glühen
da kannst du dir sicher sein
bald kommt etwas Neues herein.

Trotzend dem Mangel an Kraft
schreitest du voran und schaffst
weiter, weiter, bleib nicht stehen
willst du nicht untergehen.

In all dem Chaos alte Zeiten beschwören
früher war es auch nicht besser
hörst die Alten reden und stören
halt nicht an, sonst wirst du nur nässer.

Der Pathos stumpf und ohne Glanz
funktionierst du nur ohne
den unnötigen Ballast
du bist am Zug, du bist nicht der Gast.

Zeitgeist

Es braucht das Licht in dunklen Zeiten,
eine Hoffnung, welche Angst erträgt.
Denn Freiheit scheint uns zu entgleiten,
weil ihre letzte Stunde schlägt.

Getroffen möchte sie entfliehen,
verachtet, getreten – Jahr für Jahr.
Doch niemals dürfen wir so lassen,
ihr Verderben scheint so greifbar nah.

Es scheint bequemer abzuwarten,
der Verstand rät besser nichts zu tun.
Selbsttäuschung sie, die mischt die Karten
und lässt den Zweifler in dir ruhen.

Das Selberdenken scheint gefährlich,
wenn es Zeitgeist nicht gefällt,
so wird die Lüge unentbehrlich
für das Bestehen in dieser Welt.

Doch kann das uniforme Denken,
uns helfen zu bestehen.
Unterwürfig anzubandeln
der Gedanke wird dir noch vergehen.

Erstarrt in ängstlichem Schweigen,
bringen wir uns selbst um die Tat.
Mache es dir nicht zu sehr eigen,
denn diese Worte wandeln bereits auf einem schmalen Grat.

Daneben

Das Wichtigste wurde vertagt,
es wurde einfach nichts gesagt.
Viel leere Worte
an dem entscheidenden Orte.

Erschöpfen sich weiter Kohle und Gas
der Mittelstand stirbt leise aus.
Doch ändert sich denn irgendwas,
doch geben wir das Geld sinnlos aus.

Alle machten sich die Taschen voll,
klagen nun und man fragt sich was das soll.
Nun trifft es einen jeden gleich,
Nur manche nicht, denn die sind reich.

Die Dekadenz will weiterleben,
drum können sie großzügig geben.
Nur unten, da kommt es nicht an,
verzweifelt an sich der kleine Mann.

Wie soll ich über die Runden kommen,
ich, habe nie im Geld geschwommen,
nie auch nur groß etwas gespart,
wovon denn auch, es war schon hart.

Mache nicht ein, sondern zwei Jobs
das muss ich tun sonst geh ich hops.
Mein Leben kann ich mir nicht leisten,
so geht es mittlerweile den meisten.

Einsamkeit

Zu schlimmen Dingen für die Einsamkeit,
dies hat sich während der Pandemie gezeigt.
Kamen doch viele allein nicht zurecht,
auch körperlich ging es vielen bald schlecht.

Irgendwie die Hektik rausgenommen,
die Alltagshektik schien wie fortgeschwommen.
Anders zeigt sich aber gar,
Gemeinschaft braucht ganz und klar.

Denn um im Leben selbst zu geben,
braucht es Kontakte, so ist das eben.
Weshalb es wirklich wichtig ist,
dass man seine Nachbarn nicht vergisst
.
Nun zeigt sich das die Einsamkeit
führt zu einer Verkürzung der Lebenszeit,
Da muss ich nicht studieren gehen,
das kann ich jeden Tag mit eigenen Augen sehen.

Drum springe über deinen Schatten,
lass die Maske einfach sacken,
gehet aufeinander zu,
und lasst euch mit der Politik in Ruh.

Im Zweifelsfall klammert aus,
was nicht besprochen werden kann,
so geht es einfach mal an.

Dunkel

Dunkel und finster, so kommts übers Land,
Menschlichkeit, als hätte man sie nie gekannt,
kommt einem vor wie ein verlegter Gegenstand.

Der Verschwörer zufrieden schaute er es sich an,
was er im Stillen da ersann
und stimmt nun Lobeslieder an.

Sein Größenwahn der sich gezeigt,
dem Übel nicht abgeneigt,
in sich viel Schlechtes er vereint.

Egal, was er dir verspricht,
sei kritisch und vertraue diesen Worten nicht,
den was er sagt, er immer bricht.

Denn wenn dein Glaube an ihn schwindet,
der Böse sich noch so sehr windet,
eine neue Hoffnung uns verbindet.

Die Zeiten ändern sich

nichts mehr ist so
wie es einmal war
irgendwie steht alles kopf
als würde man kopfüber in den spiegel schauen.

zwei linke handschuhe werden zusammengetragen
Links ist rechts, rechts ist links
was falsch, soll wahr sein
was wahr, soll falsch sein.

überall falsche wahrheiten
so vieles ist im umbruch
was ist noch richtig
was kann ich glauben.

ohne orientierung
ohne roten faden
jeglicher halt
scheint verloren.

so ohne halt
dass kann nichts werden
allein und einsam
ohne herden.

will leitplanken und orientierung
manchmal auch fixe punkte
ohne mich zu verlieren.

Bühne frei

Die Bühne braucht's,
ist ihre Welt,
wo er sich doch am besten hält,
beschlossen haben wir,
der Inhalt scheint egal.

Der Staat langt zu,
der Staat der nimmt,
auf das die Kasse auch recht stimmt,
Verteuerung stets überall,
das Leben wird fast zur Qual.

Hinaus damit und fort,
Verschwendung an jedem Ort,
und wenn man mal genauer schaut,
man Brechreiz bekommt,
weil es einem graut.

Großzügigkeit nur außerhalb,
hier kommen wir mit dem goldenen Kalb,
der Arme hier der hat nun Pech,
muss selbst schauen,
es ist einfach nicht gerecht.

Die Maße stimmen längst nicht mehr,
es gab mal bessere Zeiten,
lang ist es her,
da wurde nicht einfach unbedacht,
Geld ausgegeben was man nicht hat.

Die Verschwendung, eine Plage,
man scheint kaum noch Herr der Lage!
So ist es halt und bleibt es immer,
nimmt vieles sich der Staat und schlimmer!

Und Fehler gibt es nimmermehr,
zumindest wiegen sie nicht so schwer,
dass man sich dazu hinreißen ließe,
und seinen Posten einem anderen überließe.

Heimlichkeiten

Staat und Welt, jedwedes Geld,
alles wird in Frage gestellt.
Die Krise hier, eine andere dort
überall und an jedem Ort.

Geplant und wohl durchdacht
im Geheimen jemand darüber wacht.
Es scheint als seien alle vernetzt
denn niemand zeigt sich sehr entsetzt.

Zufällig und aus Versehen,
Krisen kommen, Krisen gehen.
Zufälle die es gar nicht gibt
es jemanden gibt der den Hals nicht vollkriegt.

Im Hintergrund zieht jemand die Strippen,
machst du nicht mit stürzt von den Klippen.
Wer beeinflusst auf der Welt,
die Machverteilung und das Geld!

Mitglied werden kann man nicht,
nur wenn man Geladen ist,
kann man mit gleichdenken
zusammen die Geschicke lenken.

Ständig schreibt er Weltgeschichte,
steht nicht öffentlich im Lichte,
im Hintergrund, er nur agiert
seine Meinung, er diktiert!
Ob Wirtschaftswunder oder Krieg,
dieser immer, dran verdient!